AF244843

HISTOIRE D'ESPAGNE,

REPRÉSENTÉE PAR FIGURES,

ACCOMPAGNÉES D'UN PRÉCIS HISTORIQUE,

DEPUIS L'INVASION DES CARTHAGINOIS
JUSQU'A FERDINAND VII, EN 1820,

DESTINÉE A L'ÉDUCATION DE LA JEUNESSE;

LES FIGURES PAR F.-A. DAVID,

GRAVEUR DE LA CHAMBRE ET DU CABINET DU ROI, MEMBRE DES ACADÉMIES ROYALES
DES BEAUX ARTS DE ROUEN ET DE BERLIN;

1 VOL. *IN-8°*, ORNÉ DE 30 BELLES GRAVURES,

D'APRÈS LES PLUS CÉLÈBRES ARTISTES DE L'ÉCOLE FRANÇAISE,

Divisé en 15 Livraisons.

1ᵉʳᵉ LIVRAISON.

Prix, chaque Livraison, 2 fr., franc de port.

Il en a été tiré quelques Exemplaires sur papier vélin ; les Figures au *bistre.*

A PARIS,

CHEZ L'AUTEUR, DAVID, GRAVEUR DU CABINET DU ROI,
rue de Tournon, N° 17,

Et dans les Départemens, chez les principaux Libraires.

1820.

De l'Imprimerie de J.-M. EBERHART, rue du Foin Saint-Jacques, n° 12.

HISTOIRE D'ESPAGNE,

REPRÉSENTÉE PAR FIGURES,

ACCOMPAGNÉES D'UN PRÉCIS HISTORIQUE,

DEPUIS L'INVASION DES CARTHAGINOIS

JUSQU'A FERDINAND VII, EN 1820,

DESTINÉE A L'ÉDUCATION DE LA JEUNESSE;

LES FIGURES PAR F.-A. DAVID,

GRAVEUR DE LA CHAMBRE ET DU CABINET DU ROI, MEMBRE DES ACADÉMIES ROYALES
DES BEAUX ARTS DE ROUEN ET DE BERLIN;

1 VOL. IN-8°, ORNÉ DE 30 BELLES GRAVURES,

D'APRÈS LES PLUS CÉLÈBRES ARTISTES DE L'ÉCOLE FRANÇAISE,

Divisé en 15 Livraisons.

2.ᵉ LIVRAISON.

Prix, chaque Livraison, 2 fr., franc de port.

Il en a été tiré quelques Exemplaires sur papier vélin ; les Figures au *bistre.*

A PARIS,

CHEZ L'AUTEUR, DAVID, GRAVEUR DU CABINET DU ROI,

rue de Tournon, N° 17,

Et dans les Départemens, chez les principaux Libraires.

1820.

De l'Imprimerie de J.-M. EBERHART, rue du Foin Saint-Jacques, n° 12.

HISTOIRE D'ESPAGNE

REPRÉSENTÉE PAR FIGURES,

ACCOMPAGNÉES

D'UN PRÉCIS HISTORIQUE,

DEPUIS L'INVASION DES CARTHAGINOIS JUSQU'A FERDINAND VII,
EN 1820.

J.-M. EBERHART, IMPRIMEUR DU COLLÉGE ROYAL DE FRANCE,
RUE DU FOIN SAINT-JACQUES, N° 12.

HISTOIRE D'ESPAGNE

REPRÉSENTÉE PAR FIGURES,

ACCOMPAGNÉES

D'UN PRÉCIS HISTORIQUE,

DEPUIS L'INVASION DES CARTHAGINOIS JUSQU'A FERDINAND VII,
EN 1820.

LES FIGURES GRAVÉES PAR F.-A. DAVID,

GRAVEUR DE LA CHAMBRE ET DU CABINET DU ROI,
MEMBRE DES ACADÉMIES ROYALES DES BEAUX-ARTS DE BERLIN ET DE ROUEN,

D'APRÈS LES PLUS CÉLEBRES ARTISTES DE L'ÉCOLE FRANÇAISE.

LE PRÉCIS HISTORIQUE PAR ANT. CAILLOT,

MEMBRE DE L'ANCIENNE UNIVERSITÉ.

Ouvrage destiné à l'Education de la Jeunesse.

A PARIS,

CHEZ L'AUTEUR DAVID, GRAVEUR DU ROI,
RUE DE TOURNON, N° 17.

1820.

AVANT-PROPOS.

L'Europe et le Nouveau Monde ont les yeux fixés sur la révolution qui vient de s'opérer en Espagne. Cet évènement, l'un des plus importans dont cette antique monarchie ait été le théâtre depuis plusieurs siècles, doit porter notre attention sur ceux qui l'ont précédé. L'histoire d'une Nation aussi célèbre, d'un pays limitrophe du nôtre, gouverné par des princes de la Maison Royale de France, et habité par un peuple nombreux, brave et magnanime, ne peut nous inspirer que le plus vif intérêt. Moins que tout autre nation, les Français ne sauroient se dispenser de s'instruire de ce qui concerne les Espagnols, car leur histoire s'identifie, pour ainsi dire, avec la nôtre, depuis qu'ils sont placés sous le

Sceptre des BOURBONS ; depuis que , dans ces derniers temps, nous leur avons fourni l'occasion , dans une guerre longue et sanglante, de donner le plus brillant essor à leur bravoure naturelle , et surtout depuis que leur Roi, se rendant à leurs vœux , a consenti à l'établissement d'un Gouvernement représentatif , afin de consolider sa puissance par celle des Cortès.

Les fastes de l'Espagne sont remplis de faits aussi intéressans que variés. Que de choses mémorables depuis l'invasion des Carthaginois jusqu'à celle des Sarrazins d'Afrique , et depuis cette dernière époque jusqu'à l'heureuse alliance de FERDINAND et d'ISABELLE ! Ici s'ouvre une nouvelle ère de gloire et de prospérité pour la Monarchie Castillane , qui, pendant plus de cent ans, remplira un rôle souvent brillant , mais toujours honorable, parmi les Monarchies Européennes. Alors toutes les provinces, ou plutôt tous les royaumes d'Espagne, se trouvent réunis sous le même Souverain ; la Religion Chrétienne s'établit dans les Mosquées des

Infidèles ; la quatrième partie du monde est découverte par des Navigateurs partis des ports de la péninsule ; et les Indes deviennent tributaires de la Monarchie Espagnole.

L'Espagne, autrefois si avilie par la domination des Maures, et si malheureuse par les guerres intestines des souverains Catholiques de la Castille et de l'Aragon qui régnoient avant FERDINAND et ISABELLE, s'élève, sous le règne brillant de CHARLES-QUINT, au plus haut degré de grandeur et de prospérité. Sous les princes de la Maison d'Autriche, successeurs de cet empereur, chef de cette illustre famille, sa souveraineté ne fait que s'étendre dans les Deux-Indes ; et embrassant en Europe une grande partie de l'Allemagne, de l'Italie, la Sicile, les Pays-Bas et la Hollande, elle ressemble à une Monarchie universelle.

Après avoir régné en Espagne, pendant près de deux cents ans, la Maison d'Autriche est forcée, par le testament de CHARLES II, mort sans postérité, de céder ce trône à la MAISON DE BOURBON,

et un Petit-Fils de Louis XIV, à la suite
d'une guerre longue et sanglante, succède
à ce Prince sous le nom de PHILIPPE V.

Le récit des évènemens consignés dans
des fastes aussi étendus, a déjà fourni la ma-
tière de plusieurs ouvrages plus ou moins
volumineux ; mais l'Art du Burin n'avoit
point encore mis sous nos yeux les faits les
plus remarquables que renferment ces fastes.
C'est l'entreprise que nous formons aujour-
d'hui, en nous bornant, après une Introduction à la fois exacte et rapide, à l'expo-
sition de ceux qui intéressent davantage,
depuis le règne mémorable de FERDINAND
et d'ISABELLE jusqu'à l'époque de l'accep-
tation de la Constitution des Cortès, par
FERDINAND VII, en 1820.

HISTOIRE D'ESPAGNE,

DEPUIS L'INVASION DES CARTHAGINOIS

JUSQU'A FERDINAND VII, EN 1820.

INTRODUCTION.

L'Espagne est la dernière terre de l'Europe vers l'ouest. Cette grande péninsule n'est séparée de l'Afrique que par le petit détroit de Gibraltar. Les Pyrénées qui s'étendent de la Méditerranée à l'Océan, dans un espace de quatre-vingts lieues, forment ses limites du côté de la France. On peut comparer ce pays aux meilleures contrées du monde. Le climat en est tempéré, et le terroir extrêmement fertile, surtout vers le midi. Les fruits y sont d'un goût exquis, et les vins aussi délicats que généreux. Les grains, l'huile, le miel, d'innombrables bestiaux enrichissent ses campagnes. Coupée de montagnes, de vallées et de plaines, elle se partage en tous sens pour varier ses productions. De grands fleuves et de nombreuses rivières ouvrent de nombreux débouchés, au commerce de ses habitans, et doivent l'élever au plus haut degré de prospérité, lorsque les obstacles qui le gênent encore, auront été détruits par des lois opposées à celles qui l'asservissent.

Satisfaits de leur sort, les premiers habitans de l'Espagne se renfermèrent long-temps dans un si agréable séjour. Gouvernés par leurs propres lois, ils ne gémissoient point sous un joug étranger, et vivoient exempts de cette foule de maux qu'entraînent après elles les irruptions des peuples barbares. Les conquérans, que d'anciens historiens amenèrent chez eux, ou n'y ont jamais paru, ou n'étoient que des brigands, qui, après avoir dévasté leurs côtes, s'en retournoient dans leur pays, avec le butin qu'ils avoient fait.

Cette heureuse situation dura jusqu'au temps où les Carthaginois se présentèrent sur les côtes de Cadix avec une flotte chargée de marchandises, et comme alliés des Phéniciens qui faisoient le commerce dans ces parages. Les Espagnols, gagnés par les témoignages d'intérêt et d'amitié de ces nouveaux venus, ne se méfièrent point du piège qu'on leur tendoit;

mais bientôt, les perfides Carthaginois élevèrent des forteresses le long des rivages de la Bétique, ancienne province qui comprenoit l'Andalousie et le royaume de Grenade; ils se multiplièrent dans ces postes par les nombreuses colonies qu'ils recevoient d'Afrique, devinrent enfin conquérans, et s'emparèrent de plusieurs pays. En vain, les peuples de la Bétique, ouvrant les yeux, prirent les armes pour chasser ces ennemis; Amilcar, père d'Annibal, les vainquit et les soumit à Carthage. Cette première conquête ne tarda pas à être suivie de celle des contrées que nous nommons Murcie, Valence et Catalogne. Les Aragonnais osèrent livrer bataille à Amilcar; ce général fut battu et périt dans l'action. Asdrubal, son successeur, fut plus heureux. C'est lui qui fonda la ville de Carthagène dans la province de Murcie.

L'Espagne possédoit alors plusieurs mines abondantes d'or, d'argent et de pierres précieuses : les habitans faisoient peu de cas de ces trésors; mais les Carthaginois, qui en connoissoient tout le prix, en firent leur proie, et les envoyèrent en Afrique. Leur avarice ne se borna pas à ce gain qui pouvoit être exempt d'injustice; ils exercèrent envers les Espagnols les plus criantes vexations, et cette tyrannie disposa ces peuples à tout entreprendre pour s'en délivrer.

Les Romains, instruits des richesses que Carthage tiroit de l'Espagne, et de la haine des Espagnols pour cette république, envoyèrent des ambassadeurs aux nations qui n'avoient point encore perdu leur liberté, pour faire alliance avec elles, et sonder les dispositions des autres. Les indigètes, qui occupoient le territoire entre les Pyrénées et la rivière de Ter, souscrivirent les premiers aux propositions de ces envoyés; les Sagontins, tout ce qu'on appelle le royaume de Valence, et d'autres peuples situés à l'est de l'Ebre suivirent leur exemple. Informé des succès de l'ambassade, le sénat romain en fit partir une autre pour engager Asdrubal, qui gouvernoit la partie de l'Espagne conquise par les Carthaginois, à ne point porter ses armes au-delà de l'Ebre, et à ne point inquiéter les peuples, alliés de Rome.

Asdrubal, regardant cette prière comme une déclaration de guerre, attendit le départ des ambassadeurs, auxquels il avoit donné de belles paroles, pour faire des préparatifs qui le missent en état de conquérir le reste de l'Espagne. Lorsqu'il les eut achevés, il partit pour mettre le siège devant la ville de Sagonte. La mort qu'il reçut de la main d'un esclave, l'empêcha d'exécuter ce dessein. Annibal, son successeur, tint à l'égard des Espagnols, soumis à la domination carthaginoise, une conduite dont la sagesse et la douceur éteignirent leur ressentiment, et les portèrent même à l'aider dans les conquêtes qu'il méditoit. Après avoir soumis les royaumes de Tolède et de Castille, ce fameux général se replia vers Sagonte, pour en faire le siège. L'attaque de cette place fut vive, la résistance fut des plus vigoureuses. Enfin, après huit mois d'une défense aussi longue qu'opiniâtre, les assiégés, vaincus par la famine, prirent l'affreuse résolution de mettre le feu à leur ville, et de se brûler eux-mêmes dans un immense bûcher. Lorsque l'armée ennemie entra dans la place, elle n'y trouva que des cendres, et quelques malheureux qui furent passés au fil de l'épée.

La guerre avec les Romains étoit déclarée. Après qu'Annibal eut passé les Pyrénées pour la porter en Italie, le sénat de Rome envoya une armée en Espagne, sous le commandement de Cnéus et de Publius Scipion. Dès la première campagne, ces deux grands capitaines enlevèrent aux Carthaginois tout le pays maritime jusqu'à Tarragone. Après avoir gagné cinq batailles, ils perdirent la vie, l'un dans la sixième, et l'autre dans la septième.

Publius Cornelius Scipion , aussi grand homme que grand capitaine, les remplaça tous deux, l'an 544 de la fondation de Rome. Sa première conquête fut celle de l'importante ville de Carthagène. Il remporta ensuite successivement trois grandes victoires sur les deux Asdrubal. Le dernier, qui étoit frère d'Annibal, ayant été battu et tué en Italie , où il avoit conduit une armée, les Carthaginois prirent le parti d'évacuer l'Espagne, qui, par leur retraite, passa toute entière sous la domination des Romains, quatorze ans après la ruine de Sagonte.

PLANCHE I.

ASSASSINAT DE VIRIATUS.

AN 140 AVANT J.-C.

Devenue maîtresse de l'Espagne , Rome y envoya des gouverneurs qui ne virent dans leur commission qu'une occasion favorable de s'enrichir. La Lusitanie, aujourd'hui le Portugal , fut le principal théâtre de leurs vexations. L'oppression inspira à ses habitans le desir de s'en délivrer. Un brigand , nommé Viriatus, se mit à leur tête. Après avoir remporté plusieurs victoires sur les armées romaines , ce brave général périt victime d'une trahison. Il fut assassiné par deux scélérats qui, gagnés par Quintus Servilius Cépion, s'introduisirent la nuit dans sa tente et l'égorgèrent.

La même année, les Numantins qui avoient reçu dans leur ville les Ségidains, partisans de Viriatus, furent assiégés par Pompée. Ils se défendirent long-temps avec le plus grand courage, et forcèrent les assiégeans à faire avec eux un traité de paix, par lequel ils étoient reconnus alliés et amis du peuple Romain. Cette paix déplut au sénat, et le préteur Popilius reçut l'ordre de reprendre le siège de Numance. Après deux batailles, un second traité confirma celui de Pompée, et fut aussi improuvé par le sénat romain. Alors Brutus partit avec l'ordre de continuer le siège de la ville, jusqu'à ce qu'elle se fût rendue. Les Numantins, toujours heureux, défirent l'armée romaine: mais leur perte ne fut que différée. Une nouvelle armée commandée par Scipion Emilien, destructeur de Carthage, les assiégea de nouveau, et la famine leur imposa la nécessité de se rendre à discrétion ou de périr. Ils se résolurent à ce dernier parti; et, à l'exemple des Sagontins, ils mirent le feu à la ville, et se précipitèrent tous dans les flammes. Après la chute de Numance, toute l'Espagne, à l'exception des provinces du nord, reconnut la puissance romaine.

Un long calme succéda à cette sanglante guerre. Après que Sylla, avec le titre de dictateur, se fut rendu maître du gouvernement de Rome, Sertorius, partisan de Marius, son rival, se retira en Epagne, où il parvint à former une armée considérable. On envoya contre lui des troupes à différens intervalles : il les battit toutes, les unes après les autres, et fut enfin assassiné dans un festin par Antoine et Perpenna, ses deux lieutenans-généraux. Les meurtriers ne profitèrent point de leur trahison. Pompée les vainquit et leur fit trancher la tête. Le parti de Marius abattu, toute l'Espagne se soumit au vainqueur. Pompée la gouverna long-temps par ses lieutenans jusqu'au moment où César, qui s'étoit révolté contre sa patrie, y entra.

Ce grand capitaine, qui s'étoit rendu maître de Rome et de l'Italie, eut bientôt défait les trois lieutenans de Pompée. Après la mort de celui-ci, ses deux fils se retirèrent en Espagne. César les y alla attaquer, et remporta sur eux, à la bataille de Munda, une victoire complète, et qui lui valut la soumission de toute l'Espagne romaine.

Après sa mort, Octave-Auguste eut l'Espagne dans le partage qu'il fit de l'empire romain avec Marc-Antoine. Informé que les Cantabres, les Asturiens et les Galiciens avoient pris les armes contre les Romains, il se rendit promptement sur les lieux. Il défit d'abord les deux premiers de ces peuples ; mais il ne put les forcer dans leurs camps , et la famine seule les força de se soumettre. Pour ce qui est des Galliciens , ils manquoient pareillement de vivres, mais ils aimèrent mieux s'entre-tuer que de se rendre. Leur pays resté sans défense subit la loi du vainqueur.

Aucune nation n'a défendu aussi long-temps ni aussi vigoureusement sa liberté que les Es-pagnols. Ils n'ont pu être subjugués que par les plus grands capitaines romains, qui comman-doient les troupes les plus aguerries de l'em-pire, et après un espace de près de deux cents ans ; encore ne l'auroient-ils jamais été, si la division ne se fût pas introduite parmi eux.

L'Espagne jouit d'une traquillité qui fut ra-rement troublée, pendant tout le temps qu'elle fut soumise aux successeurs d'Auguste : elle devint, pour ainsi dire , toute romaine , en prenant peu-à-peu le langage, les lois et la religion de ses maîtres. Ses citoyens partici-pèrent aux honneurs et aux dignités de l'empire, et de son sein sortirent plusieurs écrivains illustres , tels que Sénèque , Lucain, Martial , Florus, Pomponius Méla, et l'empereur Trajan.

2

Province de l'empire depuis plus de quatre siècles, cette belle contrée, après s'être ressentie de sa prospérité, en éprouva aussi les revers. Les barbares, qui sous le règne du faible Honorius, se précipitèrent sur l'Italie, passèrent les Alpes, entrèrent dans les Gaules au commencement du cinquième siècle, et une partie d'entr'eux, ayant traversé les Pyrénées, envahit plusieurs provinces espagnoles. Les Suèves s'établirent dans la Galice, dans le royaume de Léon et dans la Castille Vieille ; les Vandales dans la Bétique, qui de leur nom, s'est ensuite appelée Andalousie, les Alains dans la Lusitanie.

An 412. Ataulphe, premier roi des Goths, peuple sorti de la Scandinavie, se rendit maître du Languedoc, de la Guienne, de la Catalogne et de l'Aragon. Il ne pensoit qu'à y affermir sa domination, lorsqu'il fut assassiné à Barcelone. Vallia son successeur, étoit un grand capitaine. Résolu de faire la conquête de toute l'Espagne, il attaqua séparément les Suéves, les Alains et les Vandales. Les Alains vaincus se retirèrent en Galice et se réunirent aux Suèves, qui avoient aussi perdu une bataille. Pour ce qui est des Vandales, ils passèrent, sous le règne suivant, en Afrique où ils avoient été appelés par le comte Boniface, gouverneur pour les Romains.

A Vallia qui mourut à Toulouse, succéda Théodorède, son parent. Ce fut sous le règne de ce prince qu'Attila, roi des Huns, entra dans les Gaules à la tête d'une armée immense. Le danger commun réunit Mérouée, Roi de France, Aétius, généralromain, et Théodorède. Le barbare fut vaincu dans les plaines de Châlons-sur-Marne ; mais cette victoire coûta la vie au roi des Goths.

Comme cette introduction ne doit offrir à nos lecteurs qu'une idée générale des différens états par lesquels l'Espagne a passé, avant le règne mémorable de Ferdinand et d'Isabelle, nous nous dispenserons de détailler les évènemens de ceux des rois Goths, dont le nombre est de trente-deux, depuis l'an 412 jusqu'à l'an 714 ; et nous nous bornerons aux faits les plus remarquables de leur histoire.

Nous avons dit qu'Ataulphe s'étoit rendu maître du Languedoc et de la Guienne. Sous le règne d'Alaric, un de ses successeurs, ces belles provinces furent réunies à la monarchie française après la sanglante bataille de Poitiers, que Clovis gagna contre ce prince qui périt de la main même de son vainqueur. Une seconde défaite que les Goths éprouvèrent près de Bordeaux, les réduisit à l'impuissance de rentrer dans les pays dont ils avoient été chassés.

Les Goths étoient Ariens, ainsi que les Suèves et les Vandales. Ce fut sous le règne de Récarède, c'est-à-dire, vers les dernières années du sixième siècle, qu'ils embrassèrent la foi catholique. Alors les évêques orthodoxes furent rappelés de leur exil, et rétablis dans leurs sièges ; les biens enlevés aux églises leur furent restitués ; les temples reçurent les ornemens d'une hardie et brillante architecture, de fréquens conciles rendirent à la discipline ecclésiastique son lustre et sa vigueur : enfin, on ne connut plus en Espagne qu'un Dieu, une foi, un roi ; l'unité religieuse y éteignit toutes les divisions, et les habitans de ce beau pays n'avoient point encore vu de si heureux jours. Vittéric, deuxième successeur de Récarède, qui étoit monté sur le trône, par l'assassinat du jeune Liuva, son prédécesseur, tâcha de ranimer les cendres de l'arianisme : le peuple se souleva ; des hommes déterminés entrèrent dans le palais, poignardèrent le monarque, et trainèrent son corps par les rues de Tolède.

PLANCHE II.

VAMBA REFUSE LA COURONNE D'ESPAGNE.

AN 672.

Après quelques rois, dont les règnes, plus ou

moins longs, ne présentent rien de fort impor-
tant, nous arrivons à Vamba que les Goths
élevèrent malgré lui sur le trône en 672. C'étoit
un génie supérieur dans l'art de gouverner,
et qui s'étoit fait connoître sous les règnes pré-
cédens. Il se défendit, avec autant de modestie
que de fermeté, de recevoir la couronne qu'on
lui offroit. Après bien des instances inutiles,
on lui mit l'épée sur la gorge, en lui ordon-
nant de choisir le sceptre ou la mort. Il choisit
le sceptre et il l'honora.

Ce grand prince signala le commencement de
son règne par la réforme des abus. Mécontent
de sa sévérité, les grands soulevèrent la Gaule
gothique, la Catalogne, l'Aragon, et la Navarre, et proclamèrent roi, le général des
troupes. Vamba savoit faire la guerre. Il marcha à la tête de son armée contre les rébelles,
les battit, s'empara de leurs villes, et les força
jusques dans les arênes de Nîmes.

Non moins sage législateur, que bon guerrier,
il ne cessa point de donner de la vigueur aux
loix et d'établir le bon ordre dans tous les états :
par ses soins, Tolède, capitale de la monarchie,
reçut de nombreux embellissemens, et des
remparts, qui en firent une place forte.

Les gens de bien se félicitoient d'avoir
élevé Vamba sur le trône; mais il s'y déplai-

soit, et songeoit à en descendre. Après avoir conféré de sa résolution avec les grands du royaume, il nomma Hervigius pour son successeur, et se retira ensuite dans un monastère, où il mourut sept ans après.

Après Vamba, règnèrent successivement Hervigius et son gendre Egica. Le premier sut conserver la paix avec ses voisins, et la maintenir parmi ses sujets. Quant à son beau-fils, auquel il céda la couronne, il s'attira, par son ingratitude envers son bienfaiteur, dont il répudia la fille, des guer'es civiles, où il fut plusieurs fois sur le point d'être précipité du trône. En 697, quatre ans avant sa mort, Egica partagea la souveraine puissance avec son fils Vitiza.

Rien de plus beau que les commencemens du règne de Vitiza, et rien de plus hideux que le milieu et la fin. Protecteur de l'innocence et de la vertu, appui de la veuve et de l'orphelin, monarque religieux et pacifique, père de ses sujets, il ne s'occupoit que du bonheur de l'Espagne. Comme un autre Titus, il marquoit chaque jour par un de ces actes de bienfaisance, qui rendent les princes les idoles des peuples. Heureux s'il eût persévéré dans ces vertueux sentimens ! il se lassa enfin de soumettre ses passions au joug de la raison et de la religion. L'amour des femmes entra dans son cœur, et ne cessa plus de le tyranniser. Alors, l'Espagne le vit, en gémissant, prendre publiquement et traiter en reines un grand nombre de maîtresses. Pour faire cesser les murmures qu'un tel scandale excitoit, il accorda par un édit la même licence à tous ses sujets. Les évêques réclamèrent contre cet édit ; pour leur répondre il permit le mariage aux ecclésiastiques séculiers et aux moines. Le pape l'exhorta à changer de conduite, et joignit les menaces aux prières ; pour se délivrer de ses importunités, il défendit aux Espagnols de lui rendre aucune obéissance.

Quand le crime se vit autorisé par les lois et par l'exemple du souverain, il se répandit avec une extrême rapidité des conditions les plus élevées dans les plus basses, et toute l'Espagne ne fut plus qu'un vaste théâtre de licence et de débauche.

Cependant Vitiza craignoit que sa chute ne fût le résultat de tant de désordres. Cette crainte le rendit ombrageux et cruel. Quiconque osoit se plaindre de sa conduite ou la blâmer, devoit s'attendre à la mort ou à la persécution. Pour ôter à ses sujets jusqu'à la pensée de se soulever, il fit briser leurs armes, et démantela toutes les villes du royaume, à l'exception de Tolède, de Léon et d'Astorga. Malgré tant de précautions, il ne cessoit de trembler, et partout il croyoit voir le bras d'un assassin levé contre lui. On ignore s'il mourut d'une mort tragique ou de maladie.

Rodrigue, fils de Théodefrède, duc de Cordoue, à qui Vitiza avoit fait crever les yeux, monta sur le trône d'Espagne en 711, par le choix des gens de bien, au préjudice des deux fils de son prédécesseur. On espéroit qu'il rétabliroit l'ordre dans l'état : il trompa cette attente, en suivant les exemples de Vitiza. Mais son incontinence fut bien plus funeste au royaume que celle de ce prince.

Il se prit d'une violente passion pour la fille du comte Julien, gouverneur de la place de Ceuta en Afrique. Cette jeune personne refusant de satisfaire ses coupables desirs, il usa de violence envers elle.

Informé de l'attentat commis par le monarque, à l'égard de sa fille, Julien résolut aussitôt d'en tirer une vengeance éclatante. Comme il étoit chargé des affaires d'Espagne, auprès des Sarasins d'Afrique, il les engagea à passer dans ce royaume, en leur disant que rien ne leur seroit plus facile que d'en faire la conquête. Ces peuples ajoutèrent foi à ses paroles, et le chargèrent de prendre les devants avec un corps de cinq cents hommes , et ne tardèrent pas à le suivre au nombre de douze mille. Devenu maître de la ville d'Héraclée, aujourd'hui Gibraltar , ce traître sonne de tous côtés le tocsin de la révolte , et parvient à rassembler un grand nombre de mécontens. En vain Rodrigue se flatte d'arrêter les progrès de l'incendie. Il lève à la hâte une armée, et l'envoie contre les ennemis. Cette armée est taillée en pièces, et les Sarasins se répandent dans toute l'Andalousie. L'alarme vole de proche en proche , et pénètre jusque dans les provinces les plus éloignées.

Comme les barbares recevoient chaque jour de nouveaux renforts , et qu'il sembloit que toute l'Afrique se précipitât sur l'Espagne, Rodrigue força plus de cent mille de ses sujets à prendre les armes , et s'avança à leur tête contre les Sarasins et les rebelles réunis. Les deux armées en vinrent aux mains en 714, près de Xérès, et sur les bords de la Guadalète. Rodrigue combattit avec le plus grand courage, mais une partie de ses troupes s'étant tournée contre l'autre, il prit la fuite , et ne parut plus. Après le combat, on trouva, près de la rivière et à quelque distance du champ de bataille, son cheval, son manteau royal, sa couronne et ses brodequins : ce qui fit croire qu'il s'étoit noyé ; mais de quelque manière qu'il ait péri, on sait que, deux cents ans après, on trouva à Viseu, en Portugal, un tombeau avec cette inscription : *Cy git Rodrigue, dernier des rois Goths.*

Après leur victoire, les infidèles, partagés en plusieurs corps, se répandirent dans tout le midi de l'Espagne. Ce fut une désolation universelle. En moins de trois ans, ce grand royaume devint la proie de ces féroces vainqueurs, à l'exception de quelques cantons du nord, qu'il leur fut impossible de conquérir. Pour ce qui est du comte Julien qui avoit attiré cet horrible fléau sur sa patrie, on ignore s'il survécut au succès de sa trahison, et de quelle manière il termina sa vie.

Don Pélage, fils de Favila, duc de Biscaye, qui avoit péri de la main de Vitiza, s'étoit distingué par sa valeur à la bataille de Xérès. Après la défaite de Rodrigue, il recueillit le petit nombre de braves qui avoient échappé au fer des Sarasins, rassembla les évêques et les prêtres fugitifs, les plaça avec les vases sacrés, les ornemens, les reliques des églises qu'il avoit pu sauver, au centre de sa troupe, et se retira avec ces débris au fond des Asturies et de la Biscaye, résolu de s'y défendre jusqu'à la dernière extrémité. Sa présence rendit l'espérance aux habitans de ces contrées. Un bon nombre d'entr'eux vinrent se ranger sous ses étendards; il les arma; et par ses conseils ils se retranchèrent dans les défilés, et sur les hauteurs des montagnes. A peine avoient-ils achevé leurs travaux de défense, que les Sarasins se présentèrent pour s'emparer de leur asile. Mais toutes les attaques de ces barbares furent inutiles : dèsespérant de forcer les retranchemens qui leur étoient opposés, ils accordèrent à Pélage une trève, à condition qu'il leur paieroit un léger tribut. Ce prince y consentit, et profita de cette paix momentanée pour amasser des vivres et se fortifier de plus en plus.

PLANCHE III.

VICTOIRE DE CHARLES-MARTEL SUR LES SARASINS.

AN 734.

La défaite des Sarasins par Charles - Martel sauva sa petite monarchie, qui ne consistoit encore que dans l'Asturie et la Biscaye, avec le nord de la Galice et de la Navarre.

Ces barbares, commandés par Abdérame, étoient entrés dans les Gaules pour en faire la conquête, et s'étoient avancés jusque dans le voisinage de Tours. Tout plioit devant eux, lorsque ce héros leur livra bataille. Ils perdirent dit-on, dans cette fameuse journée trois cent soixante et dix mille hommes, et quelques temps après plus de cent mille aux sièges d'Avignon, de Narbonne, et d'autres places.

Après avoir réglé la police ecclésiastique, civile et militaire, de ses états, et résisté pendant vingt-un ans avec un petit nombre de braves à la puissance la plus formidable, Pélage mourut plein de gloire, et avec la douce satisfaction d'avoir sauvé les débris d'une monarchie, qui devoit se relever, quelques siècles après, plus glorieuse qu'elle n'avoit jamais été.

Parmi les princes qui lui succédèrent, les uns, son fils entre autres, nommé Favila, firent peu d'honneur au trône des Asturies; les autres se distinguèrent, soit par de grandes qualités, soit par les victoires qu'ils remportèrent sur les infidèles. Nous rapporterons, avec leurs noms, les principaux événemens qui signalèrent leurs règnes jusqu'à l'extinction totale de la dynastie des princes Goths.

Favila, qui succéda à son père Pélage en 737, n'hérita d'aucune de ses grandes qualités. Après sa mort qui arriva deux ans après, ses états passèrent à sa sœur Hermisinde. Elle les partagea avec son mari, Alphonse 1er, qui tiroit son origine de l'illustre Récarède, et possédoit le duché de Biscaye. Alphonse s'étoit distingué

à la bataille de Xérès. Son zèle pour le rétablissement de la religion chrétienne en Espagne
dans les pays qu'il enlevoit successivement aux
infidèles, lui mérita le surnom de *Catholique.*
Les avantages qu'il remporta sur les Barbares lui
procurèrent avec la paix l'indépendance dans
les pays qui lui étoient soumis. Il profita de
cette paix pour détruire tous les abus et tous
les désordres qui subsistoient encore parmi
ses sujets depuis le règne de Vitiza; et, par ses
soins, la religion reprit tout son empire. Il
régna dix-neuf ans, et son fils Froïla lui succéda
en 758.

Ce prince signala le commencement de son
règne, par une grande victoire qu'il remporta
en Galice sur les Musulmans. Il les chassa de
cette province, et de la partie du Portugal,
située entre le Minho et le Duéro. C'est lui
qui fonda la ville d'Oviédo, où il bâtit un
palais aux rois des Asturies. Après avoir tué,
de sa main, Bimaran, son frère, qui, par ses
grandes qualités, s'étoit attiré l'estime et l'affec-
tion des grands, il périt en 762 de la main
d'Aurélio, son autre frère.

Son fils Alphonse, qui étoit encore au ber-
ceau, devoit lui succéder. Le bas âge de ce
prince rendit sa monarchie la proie de quatre
usurpateurs, qui régnèrent les uns après les

autres. Le quatrième, Vérémond, le diacre, prince du sang, s'associa le jeune Alphonse en 782.

Ce prince, surnommé le Chaste, parce qu'il vécut dans la continence avec la reine, sa femme, eut le courage de refuser aux Sarasins un tribut de cent filles chrétiennes, auquel Mauregat, un de ses prédécesseurs s'était soumis. Sur son refus, ces infidèles lui déclarèrent la guerre. Il marcha contre eux, avec la moitié moins de forces, et les battit complettement, près de Lédos, dans les Asturies. Cette victoire fut suivie quelques années après de celle de Lugo, en Galice, qui lui ouvrit le chemin jusqu'auprès de Lisbonne. De ses conquêtes, il forma le comté de Castille, et y établit des comtes pour défendre cette province contre les Maures. Sous son règne, la Navarre, dont Louis-le-Débonnaire avoit chassé les Barbares, fut érigée en royaume. Les peuples de cette contrée offrirent la couronne à Inigo Arista, seigneur français, qui possédoit le comté de Bigorre, voisin de la Navarre et de l'Aragon. Ce nouveau roi érigea en comté feudataire de sa couronne, l'Aragon, qui ne comprenoit alors que le pays arrosé par la rivière de ce nom. C'est encore sous ce règne que l'on place la découverte du tombeau de Saint Jacques, les aventures romanesques de Carpio et de Rolland le Furieux.

PLANCHE IV.

PÉLERINAGE AU TOMBEAU DE SAINT JACQUES EN GALICE.

AN 794.

Le tombeau de Saint Jacques, apôtre de l'Espagne, étoit resté inconnu, lorsqu'il fut découvert, en 794, à Compostelle, en Galice, par Théodomir, évêque d'Iria, dans une espèce de grotte de marbre, entourée de broussailles. A cette nouvelle, Alphonse courut s'assurer lui-même de la vérité du fait, et fit bâtir au même endroit une église en l'honneur du saint apôtre. Peu de temps après, l'évêché d'Iria fut transféré à Compostelle.

PLANCHE V.

COMBAT DE RONCEVAUX. MORT DE ROLLAND.

AN 802.

An 801. L'empereur Charlemagne avoit déjà fait un voyage en Espagne, dès le commencement de son règne. Il y avoit été appelé par un prince maure, en guerre avec ceux de sa nation, et après l'avoir établi roi de Saragosse, il avoit repassé les Pyrénées, vivement harcelé par les habitans de ces montagnes. Le roi Alphonse, chargé d'années, et sans enfans, lui ayant offert la succession à sa couronne, à condition qu'il chasseroit les infidèles de l'Espagne, il ne crut pas devoir rejeter une offre si avantageuse, et il se mit en marche à la tête d'une armée nombreuse et aguerrie. La noblesse espagnole, qui craignoit de se voir soumise aux Français, se dispose à la résistance; Bernard del Carpio, neveu d'Alphonse, prend le commandement des troupes des mécontens, s'allie avec le roi maure de Saragosse, et se rend maître des gorges et des défilés des Pyrénées. Charlemagne veut enfin surmonter les obstacles qu'on lui oppose. Arrivé dans la vallée de Roncevaux, il voit les Espagnols fondre de tous côtés sur ses troupes, et en tuer un grand nombre avant qu'il ait pu se reconnoître. Le fameux Rolland, son neveu, fut tué dans cette première attaque, à laquelle succéda une sanglante bataille, qui se termina par la défaite entière des Français.

Quand Alphonse II vit sa mort approcher, il fit agréer aux états de sa monarchie pour son successeur Ramire, fils de Vérémond, le diacre, et termina en 845 un règne glorieux qui avoit duré quatre-vingt-trois ans.

A peine Ramire s'étoit assis sur le trône,

qu'Abdérame, roi des Maures de Cordoue, le fit sommer de lui envoyer le tribut des cent jeunes filles. Le refus du roi chrétien irrite le prince infidèle. On prend les armes de part et d'autre. Les deux armées en vinrent aux mains, près de Logrogno, ville de Castille sur l'Ebre ; la bataille dura deux jours, et les Maures, après des prodiges de valeur, furent complètement défaits. Calahorra et plusieurs autres places, possédées par les ennemis, furent le fruit de cette victoire. Après avoir vaincu les Sarasins, Ramire eut à défendre la Galice contre plus de cent mille Normans. Il les repoussa et les força de regagner leurs vaisseaux. Cet évènement, qui eut lieu en 851, fut le dernier de son règne, qui dura six ans.

Ordogno, son fils et son successeur, commença son règne par une bataille qu'il gagna contre les Sarasins; mais, s'étant réuni ensuite avec un de leurs princes contre le roi de Cordoue, ses troupes et celles de son allié périrent toutes dans la ville de Tolède, où elles furent assiégées. Depuis cet évènement, son règne, qui ne dura pas douze ans, n'offre rien de remarquable. Alphonse III, son fils aîné, lui succéda en 862.

Ce prince n'étoit âgé que de quatorze ans. Dès la seconde année de son règne, il fit lever

aux infidèles le siège qu'ils avoient mis devant
la ville de Léon, et les repoussa jusque sur
leurs terres. Neuf ans après, il alla ravager le
royaume de Cordoue, battit les Maures de
Tolède, qui accouroient au secours de l'armée
de ce royaume, et défit ensuite celle-ci, avant
qu'elle se fût réunie à la première. Trois autres
batailles le mirent en état de pousser ses fron-
tières de la Galice jusqu'au Tage, et de la Castille jusqu'à Ségovie. Par ces exploits, il mérita le surnom de Grand.

Ce monarque, heureux dans les combats,
fut malheureux dans son palais. Ses trois fils,
ses quatre frères, et la reine, sa femme, se li-
guèrent pour élever sur le trône son fils, don
Garcie, qui en étoit l'héritier présomptif. Ses
frères prirent d'abord les armes; ils furent
vaincus; on leur creva les yeux, et on les en
ferma dans une prison. Don Garcie assembla
des troupes; son père le prévint, et l'envoya
dans une tour. Alphonse fut moins heureux
dans deux batailles que lui livrèrent ses deux
autres fils, en 910. Battu, il fut forcé de céder
la couronne à don Garcie. L'année suivante, il
mourut à Zamora.

Garcie ne porta pas long-temps la couronne.
Après avoir régné trois ans avec sagesse, il
mourut au retour d'une heureuse expédition

contre les Maures. Son frère Ordogno lui succéda.

Ce prince étoit un grand capitaine; cependant il échoua toujours dans ses entreprises
contre les infidèles. La perte et la sanglante
bataille de Jonquéra, qu'il livra en 921 à Almanzor, roi de Cordoue, entraîna celles de
toutes les conquêtes de son père. Croyant avoir
à se plaindre des comtes de Castille, il les fit
tous décapiter dans son palais de la ville de
Léon, où il les avoit assemblés. Après cette
cruelle exécution, la Castille se sépara pour
toujours du royaume de Léon. Pendant les
dix années qu'Ordogno porta le sceptre, les
troubles et les revers ne cessèrent de l'affliger.

Froïla, frère de Garcie et d'Ordogno, et
comme eux coupable de révolte contre son
père, ne se fit point scrupule d'enlever la couronne à son neveu : mais, frappé de la lèpre, il
traîna un règne d'environ quatorze mois dans
la langueur et l'humiliation. Pendant ce court
intervalle, les Castillans se déclarèrent libres,
et proclamèrent comte héréditaire de Castille,
Gonzalve-Nunnez, qui devint ainsi le fondateur
du royaume de Castille, et qui, par ses belles
qualités, mérita le surnom de Grand.

An 925. Froïla eut pour successeur Alphonse IV, dit le Moine, son neveu, et fils

d'Ordogno. Ce prince, dont le vice dominant étoit l'indolence, se retira dans un cloître deux ans après, laissant la couronne à Ramire, son frère, au préjudice d'Ordogno, son fils, encore enfant.

Après avoir anéanti trois factions qui se formèrent contre lui, Ramire tourna ses armes contre les infidèles. La victoire la plus signalée qu'il remporta, fut celle de Simancas, où il défit les rois de Saragosse et de Cordoue, et leur tua plus de trente mille hommes. S'étant ensuite réuni à Gonzalve, comte de Castille, il s'avança dans le royaume de Tolède jusqu'à Talavéra, et tailla en pièces une armée considérable que les Maures avoient assemblée pour couvrir leur pays. Après s'être couvert de gloire, il mourut à Oviédo, où il s'étoit rendu, pour rendre grâces au Dieu des armées.

An 952. Ramire laissoit deux fils : l'aîné se nommoit Ordogno et l'autre Sanche, qui, depuis, fut surnommé le Gros. Celui-ci disputa le trône à son frère, et fut soutenu par le roi de Navarre et le comte de Castille; mais ces deux princes ayant été obligés de marcher à la défense de leurs propres états, menacés par les Maures, Ordogno resta maître du royaume de Léon.

Il étoit temps que Gonzalve arrivât en Castille, où Almanzor, roi de Cordoue, avoit envoyé une armée infiniment plus nombreuse que la sienne. Plein de confiance dans les paroles d'un ermite, qui lui avoit prédit la victoire, il attaqua les infidèles, près de Lara, et remporta sur eux une éclatante victoire. Quelque temps après, il se réconcilie avec Ordogno III, roi de Léon, se met à la tête des troupes de ce prince et de celles de Castille, attaque une nouvelle armée des infidèles, près de Saint Estevan de Gormas, et la défait complètement. Cette nouvelle combla de joie le roi Ordogno ; il se disposoit à mettre à profit la victoire de Gonzalve, lorsqu'il mourut à Zamora, après un règne de quatre ans.

An 956. Comme Vérémond, son fils, étoit encore enfant, Sanche-le-Gros s'empara du trône : cet usurpateur, chassé à son tour par Ordogno, fils d'Alphonse-le-Moine, se rendit à Cordoue pour implorer le secours d'Almanzor. Avec les troupes qu'il en obtint, il rentra dans le royaume de Léon, et força Ordogno de se retirer chez les infidèles. A peine s'étoit-il rendu maître du royaume de Léon, qu'une grande armée ennemie se jeta sur la Castille. Il ne fit aucun mouvement pour s'opposer à cette invasion dont Gonzalve se vit forcé de porter tout le poids. A peine les forces de ce grand capitaine étoient-elles la sixième partie de celles des ennemis ; cependant il n'hésita pas de les attaquer près d'Hasignan. La bataille dura trois jours. Enfin l'armée infidèle fut mise en pleine déroute, et périt presque toute entière dans la poursuite.

Peu de temps après cette grande victoire, peu s'en fallut qu'il ne devînt victime de la jalousie du roi de Léon et de l'alliance de ce prince avec les infidèles. Il avoit épousé à Burgos Dona Sancha, sœur du roi de Navarre, lorsque Sanche l'invita à se rendre à Léon pour délibérer sur leurs communs intérêts. Le dessein de ce prince étoit de se rendre maître de sa personne. Gonzalve tomba dans le piège. A cette nouvelle, Sancha, tante du perfide roi de Léon, se rend dans cette capitale, sous prétexte d'un pélerinage à Saint-Jacques, et obtient la permission de voir son époux. Introduite dans sa prison, elle lui donne ses vêtemens, prend les siens ; Gonzalve sort, monte sur un cheval qu'on tenoit prêt, et se sauve. Instruit de ce stratagême de sa tante, Sanche prit le parti d'en rire, loua son courage et son dévouement, et la fit reconduire en triomphe à Burgos.

Cependant les Maures se mettoient en mouvement de tous côtés, pour profiter des divisions des princes chrétiens. Ils entrèrent en 967 dans le royaume de Léon et le ravagèrent : la Castille éprouva le même sort. Gonzalve ne put survivre à la douleur de voir ses états désolés, sans pouvoir les défendre. Le roi de Léon mourut de poison, et celui de Navarre de maladie.

Ramire III, fils de Sanche-le-Gros, et Vérémond, ou Bermude, fils d'Ordogno III, se disputèrent la couronne de Léon. La Castille étoit en proie aux factions ; et la Navarre, affoiblie par une guerre qu'elle avoit eu à soutenir contre Gonzalve, étoit incapable de se défendre. Les Maures ne manquèrent pas de profiter de si belles occasions pour faire des conquêtes. Barcelone, Pampelune, Burgos, Compostelle, Léon même, passèrent sous leur domination.

Ramire mourut dans ces tristes circonstances. Vérémond, déjà roi de Galice, et son successeur, fut battu, et eut la douleur de voir son royaume de Léon, désolé par les infidèles. Tout le reste de l'Espagne alloit être subjugué, si une horrible dyssenterie n'eût anéanti les armées victorieuses. Enfin tous les princes Espagnols s'étant réunis pour la cause commune, remportèrent sur leurs oppresseurs, en 998 et 999, deux grandes victoires, dont la reddition de plusieurs places fut le résultat. Dans la dernière année, Vérémond finit ses jours, et eut pour successeur son fils Alphonse, surnommé le Noble.

An 999. Alphonse étoit en bas âge, quand il monta sur le trône. Sanche, roi de Navarre, Sanche Garcie, comte de Castille, et le comte de Barcelone, chassèrent alors les infidèles de leurs états, allèrent ·saccager les royaumes de Tolède et·de Cordoue, et forcèrent les ennemis à une honteuse paix. C'est dans cette guerre que le roi de Navarre mérita le surnom de Grand.

PLANCHE VI.

ALPHONSE V DONNE SA SOEUR POUR ÉPOUSE A ABDALLA, ROI MAURE DE TOLÈDE.

AN 1014.

Ce prince avoit donné en mariage à Abdalla, roi Maure de Tolède, sa sœur dona Thérèse. Le motif de cette scandaleuse alliance étoit le besoin que les deux rois avoient de se soutenir mutuellement contre le roi de Cordoue : la princesse n'y consentit que dans l'espérance de convertir son époux à la foi chrétienne. Les noces furent célébrées à Tolède, avec beaucoup de pompe. Mais Abdalla ayant refusé de se faire chrétien, dona Thérèse retourna auprès de son frère ; et quelque temps après elle se fit religieuse à Léon, dans le couvent de Saint-Pélage.

Pour ce qui regarde Alphonse, il mourut en 1027 d'un coup de flèche au siège de Viseu, place qui appartenoit aux Sarasins. Vérémond II, fils unique d'Alphonse, lui succéda.

Sanche-le-Grand avoit épousé la princesse Nunna, héritière de Castille : il maria Ferdinand, l'un de ses trois fils, à Sancha, héritière présomptive du royaume de Léon. Par ces deux alliances, il réunit les états de Léon et de Castille à la Navarre, qui déjà lui appartenoit, et à l'Aragon, dont il avoit fait la conquête. Avant que la couronne de Léon passât dans sa famille, il prit le titre pompeux d'empereur, mais, au lieu de le transmettre à Garcie, l'aîné de ses fils, il fit un testament par lequel il érigeoit la Castille et l'Aragon en royaumes indépendans, et laissoit à Garcie, la Navarre; à Ferdinand, la Castille; à Gonzalès, son troisième fils légitime, le royaume de Sobrarbe et de Ripagorce; et à Ramire, son fils naturel, le royaume d'Aragon. Après sa mort, qui arriva peu à près la publication de son testament, ce partage arma ses fils les uns contre les autres.

Ramire avoit le moins de droits à la succession de son père, et cependant, malgré le partage avantageux qu'il avoit obtenu, il profita d'un voyage que Garcie fit à Rome, pour s'emparer de la Navarre, avec le secours des infidèles. Mais, pour avoir voulu tout avoir, il perdit tout. A son retour, Garcie leva une armée, le vainquit, le chassa de la Navarre, et le dépouilla de l'Aragon.

Vérémond, roi de Léon, éprouva un sort plus triste encore : étant entré sur les terres de Ferdinand, roi de Castille, son beau-frère et son héritier, celui-ci appela le roi de Navarre à son secours. Une bataille eut lieu dans la vallée de Tamara ; et Vérémond la perdit avec la vie. Après sa victoire, Ferdinand marcha droit à Léon et s'y fit couronner du chef de Sancha, son épouse. Par la mort de Vérémond II, fut éteinte la seconde race des rois Goths, issue de Pélage et d'Alphonse-le-Catholique. Depuis trois cent vingt ans, cette race occupoit le trône des Asturies.

An 1036. Ferdinand Ier, ayant réuni la couronne de Léon à celle de Castille qu'il possédoit déjà, offrit, en sa personne, à l'Espagne chrétienne, un des plus grands rois qu'elle eût encore vus. Dès le commencement de son règne, il remporta plusieurs victoires signalées sur les Maures de Cordoue, et mit le Tage entr'eux et ses états. Jaloux de ses prospérités, Garcie, son frère, roi de Navarre, entre en

Castille à la tête d'une armée, et lui livre bataille, entre l'Ebre et Burgos. Pendant le combat, la main d'un seigneur navarrois, dont Garcie avoit déshonoré la femme, délivra Ferdinand de son ennemi. Après cette victoire, toute la Navarre tomba au pouvoir du vainqueur, qui plaça lui-même la couronne du père sur la tête du fils.

Les Sarasins avoient profité de la désunion des deux frères pour secouer le joug que Ferdinand leur avoit imposé, et le roi de Tolède, après s'être déclaré son vassal, s'étoit mis en état d'hostilité. Tout affoibli qu'il étoit par les années, il leva une puissante armée, soumit les Sarasins, et, par de nouvelles conquêtes, il agrandit ses états entre le Tage et la Guadiana.

Vainqueur de tous ses ennemis, Ferdinand employa le reste de ses jours au rétablissement du culte chrétien dans les pays qu'il avoit enlevés aux infidèles. Lorsqu'il sentit sa mort s'approcher, il partagea ses états entre ses trois fils, Sanche, Alphonse, et Garcie. Le premier eut la Castille, le second le royaume de Léon, et le troisième la Galice. Ses deux filles, Urraque et Elvire, eurent chacune une principauté. Ferdinand mourut en 1067, le jour de Noël, avec les sentimens de la plus tendre piété. L'Église l'a placé au rang des Saints. Sous son règne, le fameux Rodrigue, sur-nommé le Cid, se fit dans les guerres contre les infidèles, une éclatante réputation de bra-voure.

Sanche, mécontent de son partage, se dispo-soit à s'emparer des états de ses frères, lorsque les rois de Navarre et d'Aragon s'unirent contre lui pour rentrer en possession des terres que Ferdinand leur avoit enlevées. Trois batailles furent livrées : Ramire, roi d'Aragon, perdit la vie avec la première ; Sanche fut vaincu dans la seconde, mais, par la valeur du Cid, il gagna la troisième. Après sa victoire, ce prince entra successivement dans le royaume de Léon et dans la Galice, et en chassa ses deux frères. Non satisfait de ces conquêtes, il voulut encore se rendre maître de l'apanage de ses sœurs ; mais dans le temps qu'il assiégeoit la ville de Zamora, qui appartenoit à Urraque, il fut poignardé par un soldat.

An 1073. Aussitôt après sa mort, les états de Léon et de Castille élevèrent sur le trône son frère Alphonse. Ce prince ne tarda pas à réu-nir la Galice à ses états, en faisant arrêter son frère Garcie. Devenu possesseur d'une vaste monarchie, il forma le dessein de conquérir le royaume de Tolède ; de braves guerriers de toutes les nations chrétiennes, accoururent afin de partager la gloire de cette expédition, dont le Cid ne manqua pas de faire partie. La ville de Tolède se rendit la première, après un siège long et meurtrier, en 1085, et plusieurs autres places importantes tombèrent ensuite au pouvoir de l'armée victorieuse, depuis le Tage jusqu'à la Guadiana.

Alphonse, maître de quatre royaumes, prit le titre d'empereur d'Espagne, et rétablit la religion chrétienne dans les pays qu'il venoit d'enlever aux infidèles. Les grands succès sont quelquefois suivis des grands revers : en 1092, Alphonse fut battu deux fois par les infidèles, qui, à leur tour, furent chassés de ses états, et poursuivis jusque dans le royaume de Cordoue. En 1094, une de leurs armées, beaucoup plus considérable que les précédentes, qui menaçoit la Castille, fut mise en déroute, et forcée de se retirer sur les confins de l'Andalousie et du royaume de Grenade.

Après cet heureux succès contre les Maures du midi de l'Espagne, Alphonse fit alliance avec le roi Sarasin d'Huesca, contre Sanche, roi d'Aragon. Son armée fut défaite dans une bataille, mais Sanche fut tué au siège d'Huesca. Don Pèdre, fils et successeur de ce monarque, continua l'attaque de la place et s'en rendit maître quelque temps après, à la suite d'une grande victoire qu'il remporta sur les troupes d'Alphonse, et sur celles de plusieurs princes Maures réunis.

An 1100 et suiv. Cinq années s'étoient écoulées depuis ces défaites, lorsque le Sarasin Ali débarqua en Espagne avec une armée considérable, à laquelle tous les Maures se réunirent. Le royaume de Tolède, envahi par ces barbares, étant devenu le théâtre des plus affreux ravages, Alphonse envoya contre eux une armée, sous les ordres de don Sanche, son fils unique, et du comte Garcie, capitaine brave et expérimenté, auxquels se joignirent six autres comtes. La bataille se donna près de Tolède. L'armée espagnole fut taillée en pièces; don Sanche fut blessé à mort, et les sept comtes, après des prodiges de valeur, furent étendus morts sur le champ de bataille.

A cette triste nouvelle, Alphonse assemble tous ses sujets en état de porter les armes, et malgré sa vieillesse, il reprend le casque et la cuirasse. A son approche, les Maures chargés de butin prennent la fuite, et se laissent poursuivre jusque sous les murs de Séville. Un si grand succès vengea Alphonse, sans le consoler de la mort de son fils; et tout le reste de sa vie, qui se termina en 1109, s'écoula dans la douleur et dans les infirmités. Il étoit âgé de soixante-dix-neuf ans, et en avoit régné quarante-deux.

Urraque, fille aînée de ce prince, héritoit de tous ses états. Le comte Raymond de Bourgogne, son premier mari, lui avoit donné un fils nommé Alphonse, et elle avoit épousé en secondes noces Alphonse Ier, roi d'Aragon et de Navarre. Ce prince enleva aux infidèles le royaume de Saragosse, et tout ce qui leur restoit dans la Navarre et l'Aragon, régla le *sort* de Sobrarbe et les droits de *Ricos Hombrès*. Devenu par son mariage souverain de Castille et de Léon, il prit le titre d'empereur. Dès que le fils d'Urraque fut en âge de gouverner, les Castillans prirent les armes et le proclamèrent roi. Après les avoir vaincus deux fois, le roi d'Aragon, prévoyant de nouvelles révoltes de leur part, remit de son plein gré les couronnes de Castille et de Léon à leur légitime héritier. Comme il n'avoit pas retiré ses garnisons des places de la Castille, le jeune Alphonse prit les armes. Cette guerre qui dura plusieurs années avec des succès balancés, prit fin en 1122 dans une entrevue des deux rois, qui se termina par le mariage du roi de Castille, avec Bérengère, fille du comte de Barcelone.

La bonne intelligence étant ainsi rétablie

entre ces princes, ils armèrent de concert contre les infidèles. Le roi d'Aragon pénétra jusqu'au fond des royaumes de Valence et de Murcie; il entra ensuite dans l'Andalousie, et y défit onze rois Maures dans une bataille rangée. Chargé de butin, il reprit le chemin de ses états. Un grand nombre de Français l'avoient suivi dans cette guerre. Le roi de Castille ne parcourut pas avec moins de succès tous les pays situés entre le Tage et la Guadiana. Il ravagea sans opposition une grande partie des royaumes de Séville et de Cordoue. Il s'avançoit vers cette dernière ville lorsqu'il apprit que le roi d'Aragon avoit été tué dans une embuscade, comme il se rendoit avec une foible escorte au siège de Fraga.

An 1134. Après la mort d'Alphonse d'Aragon, les Navarrois placèrent sur le trône don Garcie, prince du sang de leurs souverains, et les Aragonais choisirent Ramire, frère de leurs deux derniers rois. Ce prince, qui étoit moine et évêque, se maria en vertu d'une dispense du pape Innocent II. La division ne tarda pas à se mettre entre ces deux monarques; et le roi de Castille en profita pour prendre sur la Navarre tout ce qui étoit en deçà de l'Èbre à l'occident; et sur l'Aragon, Saragosse avec ses dépendances.

ASSASSINAT DE VIRIATUS.

VAMBA REFUSE LA COURONNE D'ESPAGNE.

III.

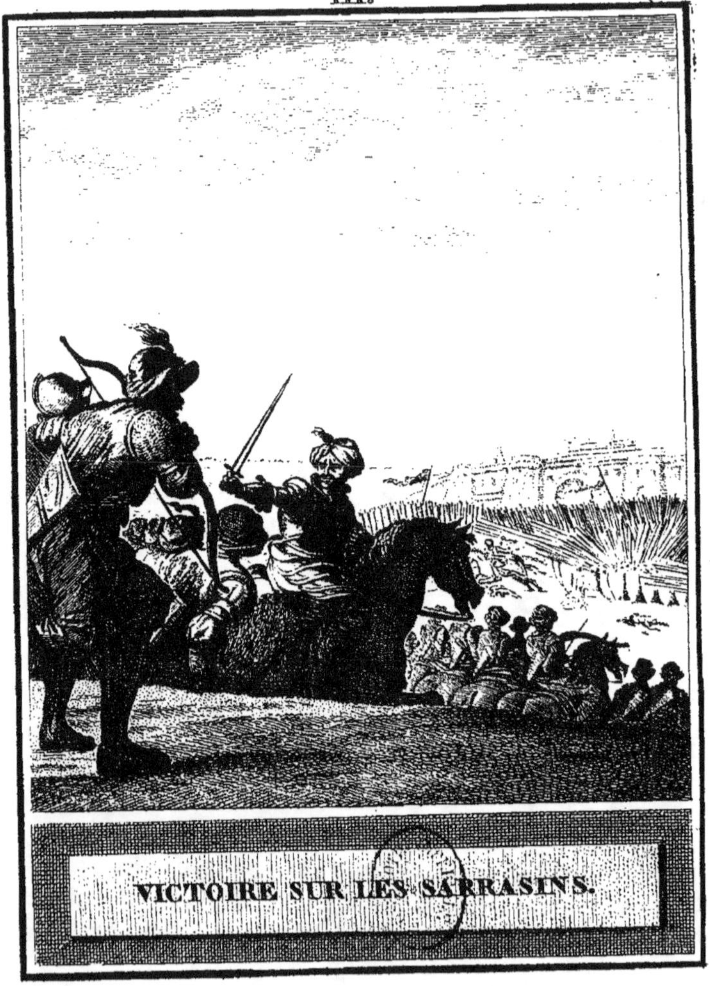

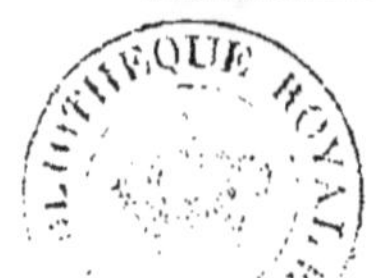

VICTOIRE SUR LES SARRASINS.

PÉLERINAGE AU TOMBEAU DE Sᵗ JACQUES.

www.ingramcontent.com/pod-product-compliance
Lightning Source LLC
Chambersburg PA
CBHW051629060726
47597CB00004B/1498